BIG BOOK OF Colorful FOODS

BY OLGA KONSTANTYNOVSKA

CLEVER
Publishing

Allie the snail lived in an apple tree. She always ate
red apples because there was nothing else to eat in the tree!
One day, she slipped from an apple and fell onto the ground.
She rolled far away into the meadow.

Allie looked around. She saw so many apples—but they
all looked different! There were big ones and small ones;
yellow, green, and red ones. But the pulp was always white.

"Wow!" Allie exclaimed. "What kind of apples are these?"
"Those are pears," said a passing butterfly.
"There's so much I want to learn," Allie said. And she
    made up her mind to set out on a journey to try
    something new.

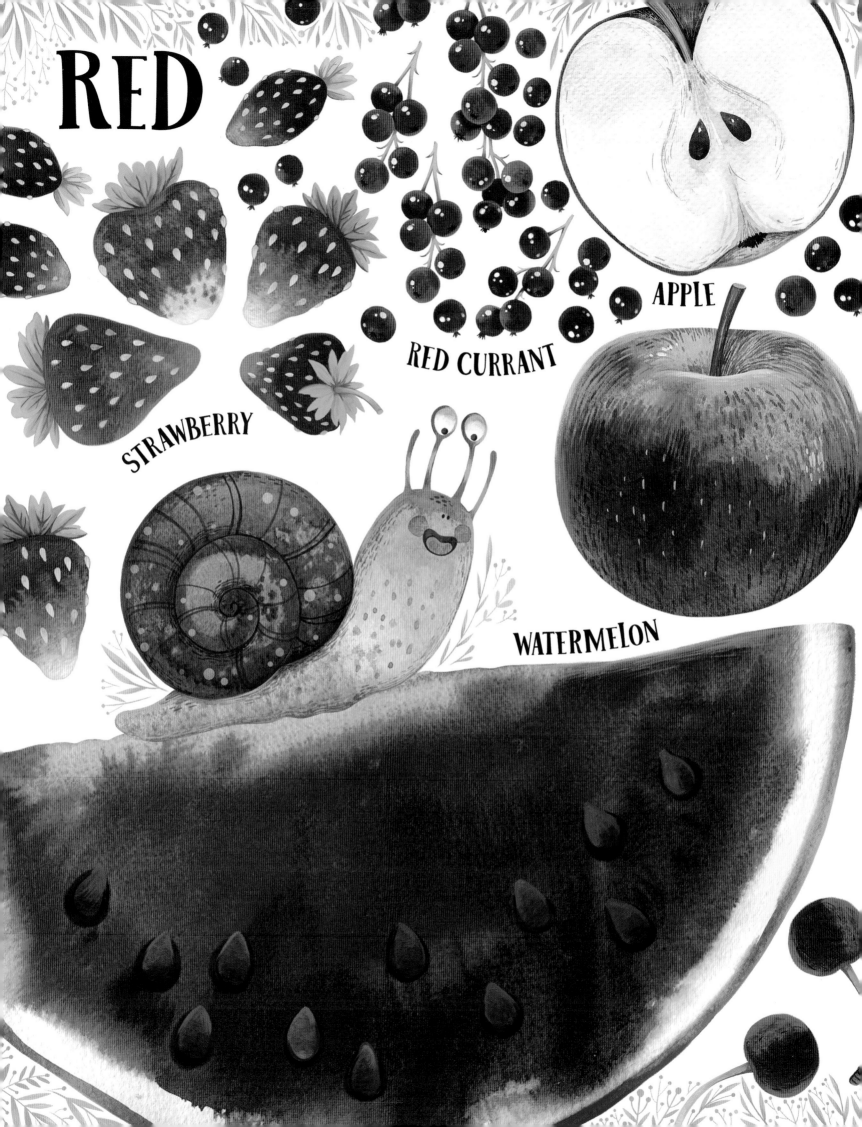

RED

STRAWBERRY

RED CURRANT

APPLE

WATERMELON

CHERRY

CHILI PEPPER

BELL PEPPER

CHERRY TOMATO

POMEGRANATE

SWEET PEPPER

Allie found some new things to eat as she made
her way across the grass.
"Everything is as red as my favorite apples!"
she exclaimed.

ORANGE

"Is this an orange tomato?" wondered Allie, looking at the apricot. She dashed over to bite it. She loved the brand-new fruit, with its smooth outside and sweet inside.

CARROT

APRICOT

PAPAYA

ORANGE
CHERRY TOMATO

PUMPKIN

ORANGE

MANDARIN

PEACH

YELLOW

MELON

MANGO

BANANA

CACAO FRUIT

PEAR

LEMON

YELLOW ZUCCHINI

STARFRUIT

CORN

Next, Allie found some fruits and vegetables that were yellow like the Sun, but they all had different flavors. The mango was sweet, the lemon was sour, and the zucchini looked like a banana, but it didn't taste like it!

GREEN

"The apple is round, the cucumber is long, the broccoli is huge, the peas are in pods, and the lime is in segments," she said, comparing the different green fruits and vegetables. And the artichoke looked like a flower!

CUCUMBER

ARTICHOKE

BROCCOLI

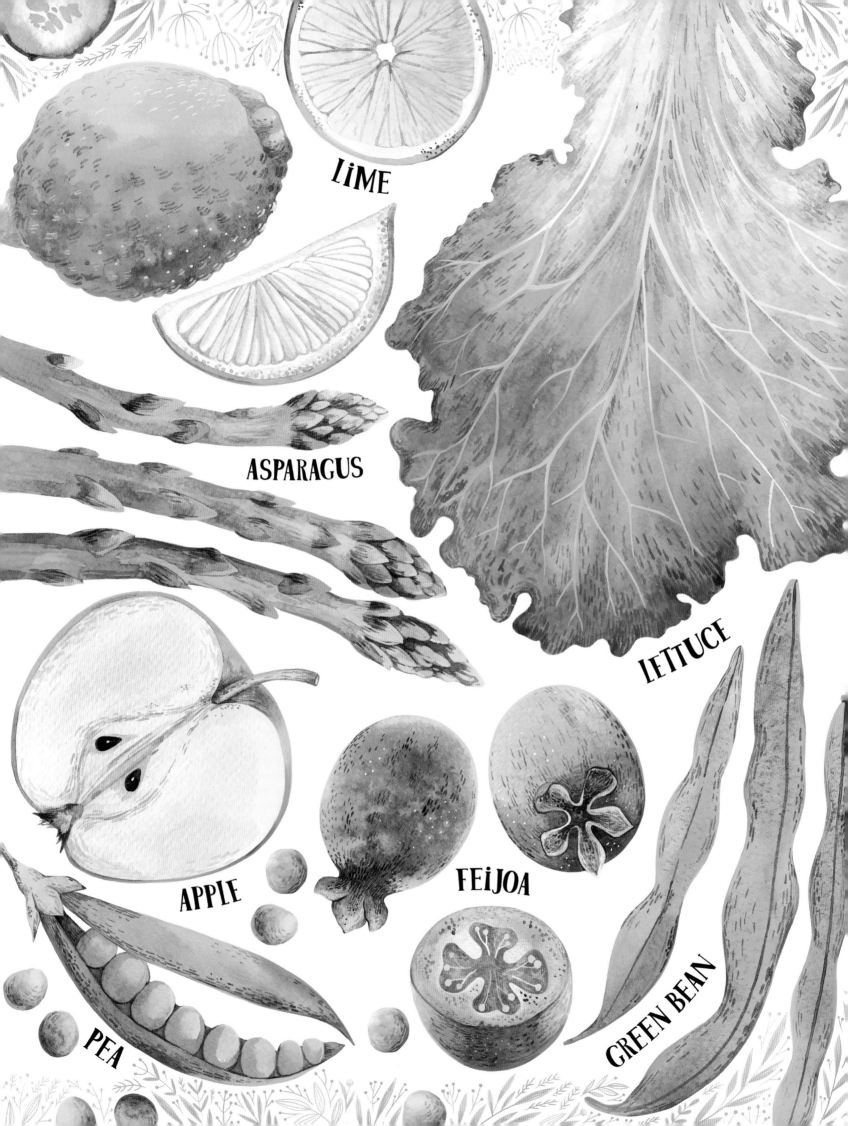

LIME

ASPARAGUS

LETTUCE

APPLE

FEIJOA

PEA

GREEN BEAN

PURPLE

PURPLE BASIL

PLUM

PURPLE BEAN

ONION

PURPLE CABBAGE

PURPLE EGGPLANT

BLUE

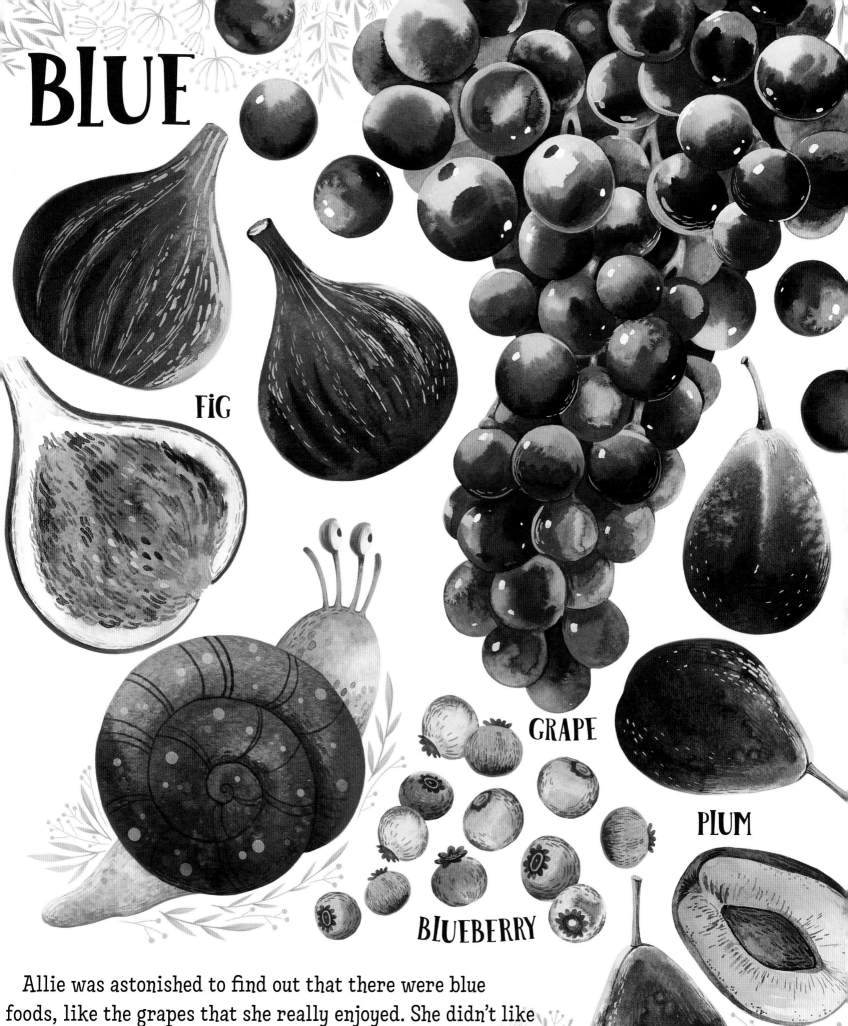

FIG

GRAPE

PLUM

BLUEBERRY

Allie was astonished to find out that there were blue foods, like the grapes that she really enjoyed. She didn't like the purple onion, though; it made her cry and tasted bitter.

PINK

She found the dragon fruit, which came from a cactus, the most unusual of the pink foods. "Can I really eat it?" she wondered. On the inside, the dragon fruit was white with black seeds, and it tasted very sweet.

GUAVA

RASPBERRY

RADISH

PINK GRAPE

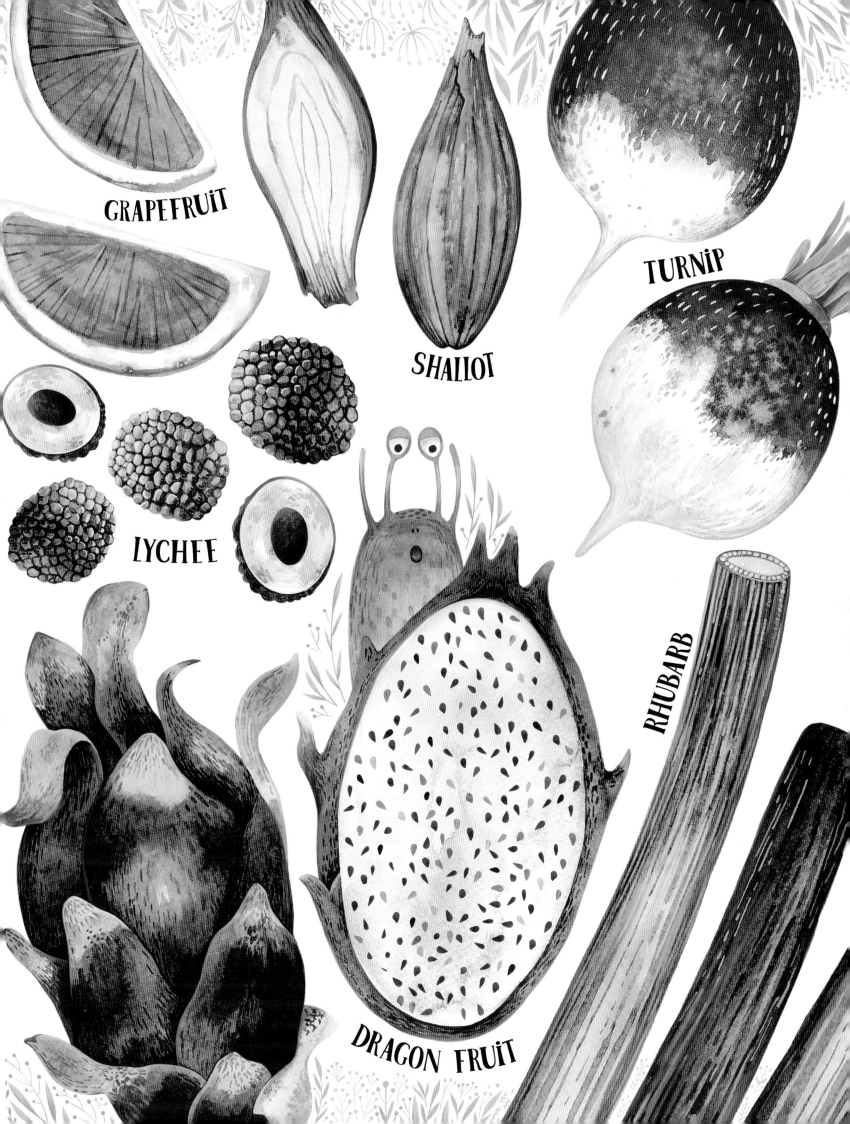

GRAPEFRUIT

SHALLOT

TURNIP

LYCHEE

RHUBARB

DRAGON FRUIT

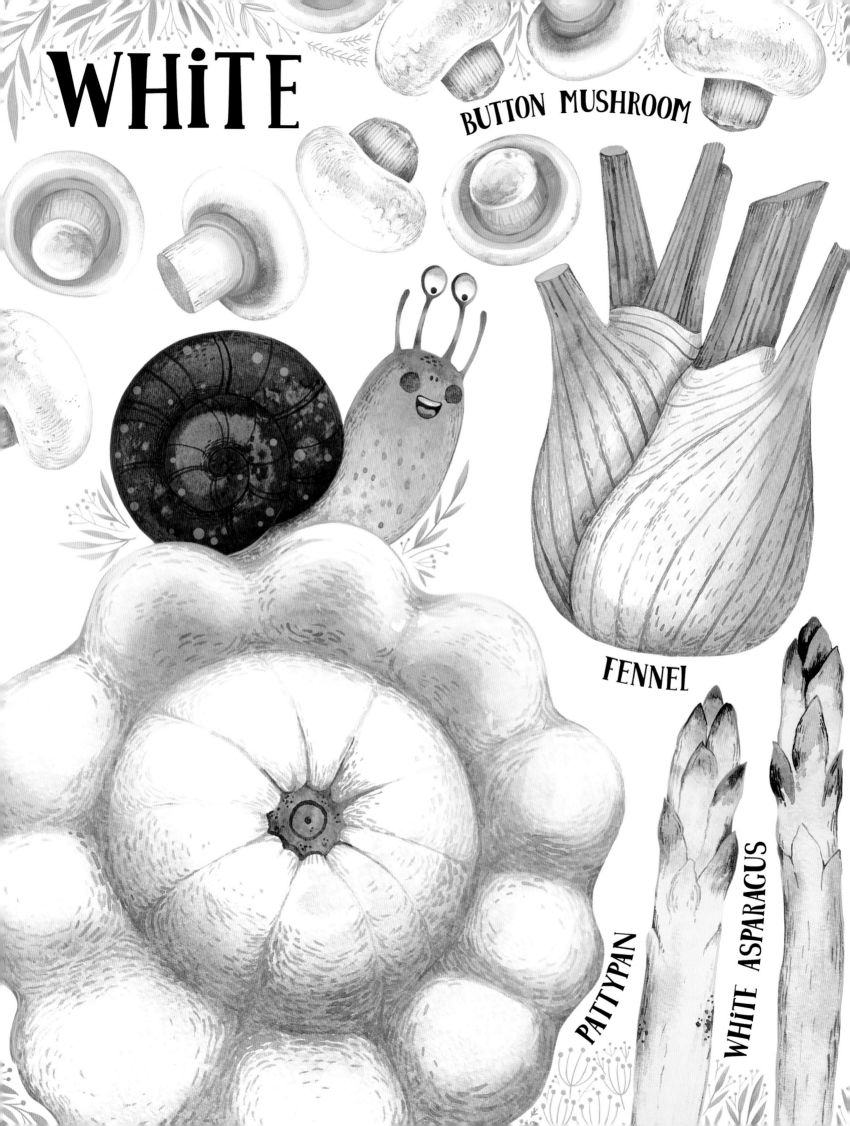

WHITE

BUTTON MUSHROOM

FENNEL

PATTYPAN

WHITE ASPARAGUS

GARLiC

CAULiFLOWER

WHiTE ONiON

WHiTE CURRANT

PARSLEY ROOT

The pattypan made Allie laugh because it looked like a fancy flower. And the white fruits and vegetables weren't as boring as she thought they might be!

BLACK

Allie ate a few of the black foods—some eggplant, a black bean, a mulberry, and a black olive.

"I'm so glad I decided to try something new," she said. "I still like my red apples, but it's fun to eat foods that are all different colors!"

BLACK BEAN

EGGPLANT

BLACK OLIVE

ELDERBERRY

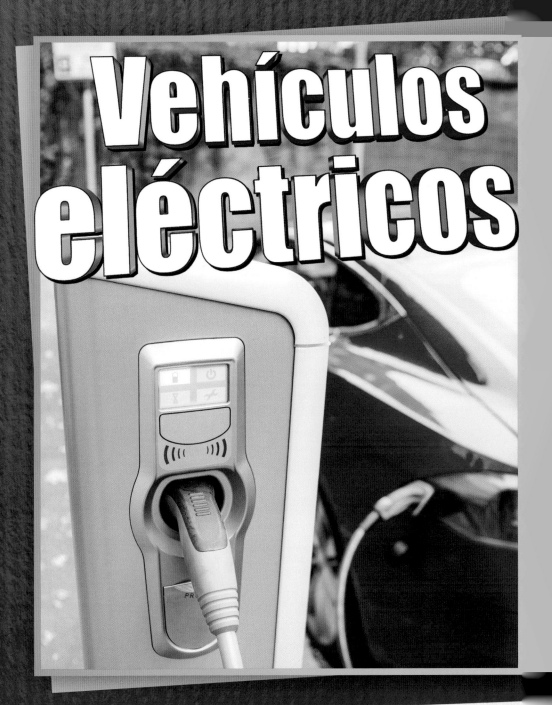

Vehículos eléctricos

Lesley Ward

✷ Smithsonian

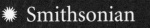

Autora contribuyente

Heather Schultz, M.A.

Asesores

Roger White
Curador del museo, División de Trabajo e Industria
National Museum of American History

Tamieka Grizzle, Ed.D.
Instructora de laboratorio de CTIM de K-5
Escuela primaria Harmony Leland

Stephanie Anastasopoulos, M.Ed.
TOSA, Integración de CTRIAM
Distrito Escolar de Solana Beach

Créditos de publicación

Rachelle Cracchiolo, M.S.Ed., *Editora*
Diana Kenney, M.A.Ed., NBCT, *Realizadora de la serie*
Véronique Bos, *Directora creativa*
Caroline Gasca, M.S.Ed., *Gerenta general de contenido*
Smithsonian Science Education Center

Créditos de imágenes: portada, pág.1 Scharfsinn/Shutterstock; pág.5 (superior) Lucas Jackson/Reuters/Newscom; pág.6 (inferior) General Motors/KRT/Newscom; pág.7 (superior) Paolo Bona/Shutterstock; pág.9 (superior) VintageMedStock/Alamy; pág.9 (inferior) dominio público; pág.10 © Smithsonian; pág.11 (superior) Everett Historical/Shutterstock; pág.11 (inferior) Grzegorz Czapski/Shutterstock; pág.13 (superior) Testing/Shutterstock; pág.15 (superior) Bettmann/Getty Images; pág.15 (inferior) Vilius Steponenas/Shutterstock; pág.17 (superior) Adam Berry/Getty Images; pág.17 (inferior) Marius Dobilas/Shutterstock; pág.19 (superior) Christopher Marsh/Alamy; pág.19 (inferior) Sjo/iStock; pág.20 WENN Ltd/Alamy; pág.21 (superior) Sjoerd van der Wal/iStock; pág.21 (inferior) Elon Musk a través de Twitter; pág.24 (inferior) Patrick T. Fallon/Bloomberg a través de Getty Images; págs.24–25 Taina Sohlman/Shutterstock; pág.26 Erkan Atbas/Shutterstock; pág.27 Radu Razvan/Shutterstock; pág.28 360b/Shutterstock; pág.31 Oleg Znamenskiy/Shutterstock; todas las demás imágenes cortesía de iStock y/o Shutterstock.

Library of Congress Cataloging-in-Publication Data

Names: Ward, Lesley, author. | Smithsonian Institution. editor.
Title: Vehículos eléctricos / Lesley Ward.
Other titles: Electric vehicles. Spanish
Description: Huntington Beach, CA : Teacher Created Materials, 2022. | "Smithsonian." | Audience: Grades 4-6 | Summary: "Electric vehicles, or EVs, have been around for over a hundred years. Early models had heavy batteries. Their charges didn't last very long. Today's EVs are light and speedy. Most can travel far on a single charge. Learn why modern EVs are enticing some drivers to "dump the pump!"-- Provided by publisher.
Identifiers: LCCN 2021044221 (print) | LCCN 2021044222 (ebook) | ISBN 9781087643755 (paperback) | ISBN 9781087644226 (epub)
Subjects: LCSH: Electric vehicles--Juvenile literature.
Classification: LCC TL220 .W36813 2019 (print) | LCC TL220 (ebook) | DDC 629.22/93--dc23

Contenido

¡Adiós a la gasolina!

El carro de tu familia se está quedando sin combustible. Deben ir a la gasolinera más cercana, ¡y rápido! ¿No es así? No. En lugar de hacer eso, tus padres conducen hasta tu casa, entran en el garaje y estacionan el carro. Toman el enchufe grande conectado por un cable a la estación de carga y lo insertan en el **puerto** del carro.

Unas seis a ocho horas después, la batería del carro está completamente cargada, y tu familia está lista para volver al ruedo. No hace falta comprar gasolina costosa ni perder tiempo haciendo fila en la gasolinera. ¿Por qué? ¡Porque tienes un vehículo eléctrico, o VE!

Es bastante común encontrar VE en la carretera hoy en día. Al igual que un teléfono celular, un VE funciona con una batería de iones de litio que se puede cargar una y otra vez. Los primeros VE eran fáciles de reconocer. Pero en hoy en día, muchos VE son vehículos de lujo que se conducen como los carros de gasolina. Tal como lo planearon sus fabricantes, es difícil distinguirlos.

El Rimac Concept One es uno de los VE más caros del mundo. ¡Puede ser tuyo por solo $980,000!

Los VE se están haciendo populares en todo el mundo. Sus dueños no tienen que preocuparse por el aumento del precio de la gasolina. No llevan sus carros al taller mecánico para que les cambien el aceite. Conducir un VE es más barato que conducir uno de gasolina.

Los VE atraen a quienes se preocupan por el cambio climático. Son vehículos con cero **emisiones**. No **expulsan** gases malolientes por el tubo de escape. De hecho, ¡los VE ni siquiera tienen tubo de escape!

Los gases de escape de los carros comunes crean **esmog** y contaminan el aire. También contienen monóxido de carbono, un gas de invernadero. Los gases de invernadero hacen que se acumule calor en la atmósfera. Los científicos han descubierto que ese calor provoca el calentamiento global. El calentamiento global es el gran cambio en los patrones climáticos de la Tierra. Tiene un efecto negativo en los **ecosistemas** de la Tierra.

Muchas personas quieren proteger el medioambiente. Por eso, están cambiando sus carros de gasolina por VE. Hay muchos VE para escoger.

El EV1 de General Motors fue el primer vehículo eléctrico que se produjo en serie.

Los gases de invernadero que expulsan los carros de gasolina quedan en el aire por años.

La historia de los VE

El principal medio de transporte a principios del siglo XIX tenía cuatro patas, una crin y una cola. ¡Era un caballo! Los caballos transportaban a las personas. Tiraban de las carretas. Los caballos eran fuertes, pero tenían sus límites. Y también necesitaban alimentos y cuidados. Las personas sabían que tenía que haber una manera de hacer mover las carretas sin usar caballos.

En el año 1800 se inventaron las baterías. Las baterías creaban energía en forma de corriente eléctrica. Los científicos pensaron que la energía de las baterías podía usarse para reemplazar a los caballos.

Robert Anderson, un inventor escocés, construyó uno de los primeros VE en la década de 1830. Unió una batería a un motor. El motor hacía girar las ruedas de una carreta.

El "carruaje sin caballos" de Anderson era **primitivo**. Apenas podía recorrer unos pocos pies. La batería solo podía usarse una vez. Pero el trabajo de Anderson inspiró a muchos otros inventores que escucharon sobre lo que había hecho.

Uno de los primeros VE estadounidenses que tuvieron éxito se construyó en 1890. Lo diseñó un químico llamado William Morrison. Funcionaba con 24 baterías recargables. Morrison mostró el vehículo en la Feria Mundial de Chicago, en 1893. Llevó de paseo a personas famosas e importantes. Tuvo gran éxito entre el público.

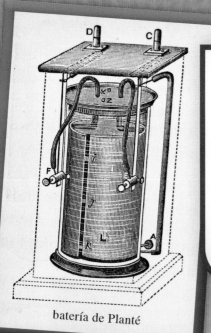

batería de Planté

Baterías de plomo-ácido

Gaston Planté fue un profesor de física francés. Inventó un acumulador eléctrico en 1859. Su batería podía recargarse. Planté separó dos láminas de plomo con goma. Enrolló el plomo en espirales. Conectó las espirales a terminales de metal. Luego, puso las espirales en un recipiente de vidrio con ácido sulfúrico. La batería tenía una carga de dos voltios.

el carruaje eléctrico
de Morrison de 1890

El primer VE que se podía comprar salió a la venta en 1894. Se llamaba Electrobat. Fue diseñado por un ingeniero, Henry Morris, y un químico, Pedro Salom. Podía recorrer 40 kilómetros (25 millas) con una sola carga de batería. Alcanzaba velocidades de hasta 32 kilómetros por hora (20 millas por hora). Ganó carreras contra otros VE.

A principios del siglo xx, muchos de los automóviles que andaban por las calles eran eléctricos. La mayoría de los taxis de la ciudad de Nueva York utilizaban baterías. Pero los VE eran caros. Costaban unos $2,000. Un caballo costaba solo $100. Para muchas personas de aquella época, $2,000 era más dinero del que ganaban en cuatro años.

El **industrial** estadounidense Henry Ford fabricó un nuevo automóvil en 1908. Lo llamó Modelo T. Funcionaba con gasolina. Hacía mucho ruido. Largaba humo negro. Pero solo costaba $850. Los VE no podían competir con el precio del Modelo T. Pasaron muchos años antes de que las personas volvieran a interesarse por los VE.

Una familia viaja en un vehículo eléctrico alrededor del año 1900.

Thomas Edison compró un VE en 1899. Pero había un gran problema: ¡no sabía conducir!

Thomas Edison

Modelo T de Ford

Los VE y el medioambiente

Los VE se han vuelto más populares últimamente. Muchas personas quieren conducir carros que no dañen el medioambiente. Quieren reducir la contaminación del aire, que ocurre cuando se liberan al aire residuos producidos por el ser humano. La contaminación del aire es causada por las fábricas, las plantas que producen acero y las refinerías de petróleo. De sus chimeneas salen sustancias químicas. Esas sustancias químicas pueden causar **cáncer** y otras enfermedades.

Los carros y los camiones que funcionan con gasolina también contaminan el aire. Sus gases de escape contienen monóxido de carbono y dióxido de carbono. Esas sustancias químicas causan problemas de salud, como el asma. La contaminación del aire también puede provocar lluvia ácida. La lluvia ácida daña los árboles y los cultivos. Daña la vida silvestre. Envenena los lagos y mata a los peces.

Los carros también contaminan de otras maneras. Los derrames de gasolina y las pérdidas de aceite liberan **toxinas** en el suelo y el agua.

Otros contaminantes llegan a la atmósfera. Dañan la capa de ozono. El ozono es un gas natural que contiene oxígeno. Protege a la Tierra de los rayos del sol. Cuando la capa de ozono se hace más delgada, la Tierra se calienta.

El esmog producido por la contaminación del aire se puede ver a simple vista.

En muchas ciudades del mundo, las personas protegen sus pulmones del esmog usando mascarillas cuando están afuera.

La quema de **combustibles fósiles** es una de las principales causas del calentamiento global. La gasolina es un combustible fósil. Se obtiene a partir de la refinación de petróleo. Al usarse en el motor de un carro, se liberan gases de invernadero, como el dióxido de carbono, que atrapan el calor del sol en la Tierra. Eso hace que suba la temperatura de la superficie terrestre.

Los científicos saben que usar menos combustibles fósiles es bueno para el medioambiente. Reduce el calentamiento global. A los científicos también les preocupa que la Tierra se quede sin combustibles fósiles. Los combustibles fósiles tardan millones de años en formarse. Por eso, las reservas son limitadas.

Algunos conductores también se preocupan por el precio de la gasolina. En la década de 1970, los productores de petróleo del Medio Oriente estaban descontentos con Estados Unidos. Impusieron al país un **embargo** petrolero. Esa prohibición hizo que los precios de la gasolina se dispararan. Había largas filas en las gasolineras. Algunas gasolineras solo permitían a los clientes comprar una pequeña cantidad de gasolina. ¡Otras directamente se quedaron sin gasolina! Eso fue frustrante para los conductores.

Actualmente, la **inestabilidad** en los países productores de petróleo hace que el precio de la gasolina suba y baje. ¡Por eso no es extraño que mucha gente prefiera los VE!

bombas de petróleo

En 1978, una gasolinera en Detroit les dice a los conductores que se ha quedado sin gasolina.

TECNOLOGÍA

Vehículos híbridos

Los vehículos híbridos funcionan tanto con gasolina como con electricidad. Su motor principal es de gasolina. Se usa para alcanzar velocidades más altas. Un vehículo híbrido también tiene un motor eléctrico unido al motor de gasolina. Se usa para ir a velocidades más bajas. Cuando el carro necesita más potencia para subir cuestas, usa los dos motores. Estos vehículos consumen menos combustible que los carros comunes y producen menos emisiones.

Los VE modernos

Los VE tienen tres componentes principales. Son la batería, el controlador y el motor eléctrico. Cuando un VE se pone en marcha, una corriente eléctrica pasa de la batería al controlador. El controlador se encarga de regular el flujo de electricidad hacia el motor. Controla la velocidad del motor. El motor envía la energía a la transmisión del VE. La transmisión alimenta los ejes del VE. Los ejes hacen girar las ruedas. Eso hace que el VE se mueva.

La mayoría de los VE usan baterías fabricadas con iones de litio. Son como las baterías de los teléfonos celulares. ¡Pero un VE usa mucha más energía! Las baterías de los VE son más livianas que otras baterías recargables. Se encuentran bajo la cabina del carro. Las baterías de los VE son caras. Pueden costar casi la mitad del valor del carro.

Los VE también tienen una batería pequeña debajo del capó. Esa batería alimenta los accesorios del VE, como los limpiaparabrisas y las luces.

Los VE tienen un puerto de carga. El puerto sirve para conectar el VE a la fuente de alimentación. La fuente de alimentación puede ser un tomacorriente instalado en la pared. La batería tarda entre seis y ocho horas en recargarse.

batería de un VE

puerto de
carga de un VE

Tesla creó estaciones de supercarga que pueden
cargar parcialmente los VE en solo 15 minutos.

Los VE se parecen a los carros que funcionan con gasolina, pero la experiencia de conducirlos es distinta. A diferencia de los ruidosos carros de gasolina, los VE son casi silenciosos. El motor no vibra. Lo único que se oye es el sonido de los neumáticos sobre el pavimento y el leve zumbido que hace el motor al acelerar.

Los VE aceleran rápidamente. El Tesla Model S puede pasar de 0 a 97 km/h (0 a 60 mph) ¡en 2.28 segundos! Eso se debe a que los VE tienen más **par motor** que los carros de gasolina. El par motor ayuda a un carro a acelerar.

Al conducir un VE, no hace falta pisar el freno tan seguido como en un carro de gasolina. Al levantar el pie del acelerador, el VE desacelera rápidamente. Se detiene solo. A veces, el conductor no tiene que usar los frenos en absoluto. Los fanáticos de los VE lo llaman "conducción con un solo pedal".

Cuando el conductor pisa el freno, recarga la batería. Eso se llama frenado regenerativo. Ayuda a los VE a recorrer más kilómetros con una sola carga. A algunas personas les gusta tanto conducir su VE que dicen que nunca volverán a comprar un carro de gasolina.

Reducir el peso

Los carros de gasolina pesan mucho porque están fabricados con acero, que es pesado. Los ingenieros no querían usar acero para fabricar los VE, que ya tenían baterías grandes y pesadas. Cuanto más liviano fuera el VE, más tiempo podría conducirse con una sola carga. Algunas piezas de los VE modernos, como el **chasis**, el capó y las puertas, están hechas de aluminio, que es mucho más liviano.

el motor eléctrico del Tesla Model S en un chasis

Antes, los VE eran caros. Una de las principales razones del alto precio era la batería. Las baterías de iones de litio eran caras. Los avances en la tecnología de las baterías, como su mayor eficiencia, han reducido los precios. Muchos países ofrecen reducciones de impuestos a quienes compran VE. Así, las personas pueden ahorrar miles de dólares. De ese modo, un VE puede costar casi lo mismo que un carro de gasolina. ¡Más personas pueden comprar un VE!

Tal como sucede con los carros de gasolina, hay diferentes tipos de VE. Algunos modelos son muy caros. También hay modelos más básicos que cuestan menos.

El Rolls-Royce Phantom eléctrico es un VE muy caro. Tiene más accesorios que la mayoría de los VE. Pero ¡cuesta casi medio millón de dólares!

Existen opciones más económicas. Por ejemplo, el Nissan Leaf es mucho más pequeño que el Rolls-Royce Phantom. Pero tiene accesorios, como un panel solar en el alerón, que alimenta la radio. Hoy en día, cada conductor puede encontrar el VE perfecto.

Rolls-Royce
Phantom eléctrico

Artistas sobre ruedas

Elon Musk, el fabricante del VE Tesla, publicó una vez un boceto de un unicornio en internet. Lo dibujó en el panel táctil de su VE. Todos los paneles táctiles del Tesla tienen esta característica oculta. Si pulsas la T del logotipo de Tesla tres veces, la pantalla se convierte en un bloc de dibujo. Cuando terminas, el carro te pregunta: "¿Estás seguro de que quieres que Tesla critique tu obra maestra?". Luego, puedes publicar tu obra.

Para llegar lejos

Antes de poder conducir un VE, hay que cargar la batería. Muchas personas usan un cargador doméstico.

Un VE tiene un puerto de carga, que suele estar ubicado en el lado del conductor o en la parte delantera del carro. Uno de los extremos del cable se conecta al puerto y el otro extremo se conecta a una fuente de alimentación. La electricidad llega a la batería a través de un cargador instalado a bordo. Luego, solo queda esperar. Las baterías tardan entre seis y ocho horas en recargarse.

Hay tres maneras básicas de cargar un VE. La primera es la carga de mantenimiento. Consiste en conectar el VE a un tomacorriente estándar. Es la manera más lenta de cargar el VE.

La segunda es usar un equipo de suministro para vehículos eléctricos, o **EVSE**, por sus siglas en inglés. Es una caja con un cable que alimenta al VE. Se coloca en la pared del garaje.

La tercera manera es ir a una estación de carga pública. Algunos gobiernos las ofrecen de forma gratuita. Otras estaciones son privadas. En ese caso, los conductores pagan la electricidad.

Si en tu hogar se corta la luz, puedes usar tu VE como generador. Algunos modelos tienen tomacorrientes.

La *autonomía* de un VE es la distancia que puede recorrer con una carga completa. Muchos VE tienen una autonomía de más de 160 km (100 mi). La mayoría de las personas conducen menos de eso cada día. Es decir que los VE son cada vez más prácticos.

La autonomía **media** de los VE es de unos 185 km (115 mi). Esa cifra sigue aumentando con los nuevos VE, pero aún es inferior a la de los carros de gasolina, que pueden recorrer, en promedio, unos 660 km (410 mi) antes de que el conductor tenga que detenerse a cargar combustible.

La distancia que puede recorrer un VE con una sola carga depende del modelo de carro y del tamaño de la batería. También influyen la velocidad del carro y el número de pendientes que sube. Un carro necesita más energía para subir una montaña.

En el tablero de instrumentos hay un **indicador** de carga. Le dice al conductor cuánta carga le queda en la batería. La carga se muestra como porcentaje. Una carga completa es el 100 por ciento. Si el medidor indica el 10 por ciento, es hora de cargar el vehículo. Los conductores de los VE deben saber **estimar** la distancia que podrán recorrer con el nivel de carga que tienen.

MATEMÁTICAS

Calculadoras de autonomía

Una calculadora de autonomía es una aplicación que indica la distancia que puede recorrer un VE. Antes de empezar un viaje, hay que ingresar en la aplicación algunos datos, como el punto de partida y de llegada, el modelo de VE y el límite de velocidad. La aplicación estima la cantidad de energía que se usará en el viaje. Luego, sugiere la ruta en la que usaría menos energía.

La "ansiedad por la autonomía" es una sensación de ansiedad que experimentan algunos conductores de VE cuando no saben si tienen suficiente energía para llegar a destino.

Algunos VE, como el Tesla Model S (que se muestra aquí), pueden recorrer casi 550 km (340 mi) con una sola carga.

El futuro de los VE

Cada año se presentan nuevos y fascinantes modelos de VE. Se venden a precios cada vez más bajos, ya que las baterías son cada vez más baratas de fabricar. Algún día, un VE podría costar menos que un carro de gasolina.

Eso hace felices a quienes se preocupan por el medioambiente. Están deseando comprar VE. No quieren conducir carros que producen esmog y contaminan el aire. Quieren hacer su parte para reducir el calentamiento global.

Países de todo el mundo han comenzado a animar a sus ciudadanos a utilizar VE. Hay cada vez más estaciones de recarga públicas. El Reino Unido y Francia planean prohibir la venta de carros nuevos con motor de gasolina a partir del año 2040.

Los ingenieros están buscando maneras de hacer que los VE sean más eficientes. Han colocado paneles solares en los VE. Están experimentando con energía eólica. Están estudiando maneras de instalar corrientes eléctricas en las carreteras. Las corrientes podrían alimentar a los VE mientras van por la carretera. ¡Los VE parecen ser los carros del futuro!

vehículo que funciona con energía solar

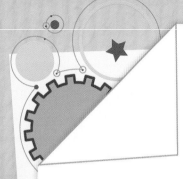

DESAFÍO DE CTIAM

Define el problema

Los ingenieros intentan crear productos que funcionen de maneras novedosas. Tu tarea es construir un modelo de un carro que pueda recorrer 2 metros (6.5 pies) por una superficie plana sin ser empujado.

Limitaciones: No puedes utilizar más de cinco de los siguientes elementos para construir tu carro: cartón, lápices, bandas elásticas, clips, pajillas, palitos para manualidades, globos, botellas de plástico, tapas de botellas de plástico, pegamento y cinta adhesiva.

Criterios: Tu modelo debe avanzar al menos 2 m (6.5 ft) por una superficie plana sin ser empujado.

1 Investiga y piensa ideas

¿Cuáles son algunas maneras de impulsar un carro? ¿Qué partes debe tener un carro?

2 Diseña y construye

Bosqueja tu diseño. ¿Qué materiales escogiste? ¿Por qué escogiste esos materiales? Construye el modelo.

3 Prueba y mejora

Marca dos líneas en el suelo a 2 m (6.5 ft) de distancia entre sí. Coloca tu carro sobre una de las líneas y fíjate si puedes lograr que cruce la segunda. ¿Funcionó? ¿Qué cambios podrías hacer para mejorar el rendimiento del carro? Revisa tu modelo y vuelve a intentarlo.

4 Reflexiona y comparte

¿Cruzaría la meta tu carro si las líneas estuvieran a 3 m (10 ft) de distancia entre sí? ¿Podría subir una pendiente?

Glosario

alerón: un dispositivo ubicado en la parte trasera de un carro y diseñado para reducir la resistencia del aire

cáncer: un grupo de enfermedades que consisten en un crecimiento celular anormal

chasis: el armazón de un carro

combustibles fósiles: combustibles, como el carbón, el petróleo o el gas natural, que provienen de plantas o animales muertos

ecosistemas: los grupos de seres vivos y cosas sin vida que hay en un medioambiente

embargo: la prohibición oficial de actividades comerciales o empresariales

emisiones: acciones que consisten en expulsar algo, como un gas

esmog: una nube baja de humo y polvo que a veces se forma sobre las grandes ciudades

estimar: calcular la cantidad aproximada de algo

EVSE: equipo de suministro para VE; un tipo de unidad de carga para VE

expulsan: arrojan algo

indicador: un instrumento que indica la cantidad de algo

industrial: alguien que participa en la propiedad o en la administración de una industria

inestabilidad: un estado de confusión o desorden

media: un número que se obtiene al sumar una serie de valores y dividir el resultado entre la cantidad de valores

par motor: momento de giro que un motor crea en un eje

primitivo: muy sencillo y básico

puerto: un punto que se utiliza para conectar físicamente un dispositivo con otro

toxinas: venenos orgánicos

Índice

¿Quieres diseñar VE?
Estos son algunos consejos para empezar.

"Inventar es desarrollar una idea nueva. Innovar es mejorar algo que ya existe. En la creación de los carros eléctricos modernos, los ingenieros hicieron las dos cosas y enfrentaron los desafíos de esos dos procesos. ¡Siempre busca maneras de inventar e innovar!".
—*Susan Tolbert, curadora de museo*

"Conocer la historia de las cosas te ayuda a entenderlas mejor y a descubrir el papel que han desempeñado en la historia. Por ejemplo, los carros eléctricos se anunciaban como 'carros para mujeres' en el siglo xx. Muchos hombres pensaban que las mujeres no tenían la capacidad mental ni la fuerza física para conducir carros de gasolina. Si conoces la historia de las cosas, puedes hacer inventos mejores. También puedes mejorar el mundo evitando los estereotipos del pasado". —*Roger White, curador de museo*